Introduction

Sommaire Sommaire

En Italie, la cuisine est une passion, et même un repas modeste se révèle parfois un vrai festival culinaire. Pleine de gaieté et d'imagination, la cuisine italienne sait mieux que tout autre transformer les aliments les plus simples en un régal des yeux et du palais. Les Italiens adorent se réunir, manger, boire, plaisanter, chanter et discuter avec amour de leur cuisine et de ses qualités – une cuisine riche, saine, rustique et copieuse. La cuisine italienne, naturelle et sans prétention, convient parfaitement aux modes de vie et aux préoccupations actuels, car elle est bonne pour la santé : elle offre, en effet, un régime riche en fibres qui fait baisser le cholestérol. De plus, elle s'adapte à toutes les bourses et à tous les besoins.

Si vous associez uniquement la cuisine italienne aux pizzas, aux pâtes et à la sauce tomate, ce livre sera pour vous une véritable révélation : il regorge d'idées de recettes toutes plus délicieuses les unes que les autres, des hors-d'œuvre aux desserts en passant par les plats principaux. Vous trouverez également des plats végétariens, gorgés de soleil, aux parfums et aux couleurs de la Méditerranée. Sans oublier les plats plus traditionnels à base de volaille, de produits de la mer, d'agneau ou de veau de grande qualité. Vous en salivez déjà…

Dans l'esprit de certains, la cuisine italienne tourne surtout autour des pâtes. Il est vrai que les pâtes sont très populaires en Italie, mais le riz, cultivé dans le nord du pays, l'est également. Les soupes sont aussi très appréciées et varient selon les régions et les saisons.

Les viandes, les poissons ou les fruits de mer accompagnés de légumes cuits ou en salade constituent les plats principaux. Les fruits frais et une grande variété de fromages complètent le repas, qui se termine par une bonne tasse de café.

Les habitudes alimentaires

Traditionnellement, le repas principal en Italie est le déjeuner. La plupart des bureaux, des commerces et des écoles ferment entre 13 h et 16 h, et certaines administrations ferment à 14 h pour ne plus rouvrir de la journée. Une famille italienne « moyenne » déjeune donc généralement autour de 13 h. Et le déjeuner est sacré, même pour ceux qui n'ont qu'une

« courte » pause d'une heure à lui accorder. Qu'il soit pris chez soi, au restaurant du coin ou à la cantine de l'entreprise, le déjeuner comprend toujours un hors-d'œuvre ou une entrée – soupe, riz ou pâtes –, un plat principal – viande ou poisson avec fromage, légumes ou salade – et un fruit. Le dîner, pris à partir de 20 h, est une version « allégée » du déjeuner. Les pâtes sont souvent remplacées par une soupe légère à base de petites pâtes, cuites seulement quelques minutes, type minestrone, et le plat de viande ou de poisson par une omelette. Ce qui importe est de manger des aliments faciles à digérer, en priorité des légumes, de la salade, du fromage et des fruits. Le pain est présent à tous les repas (mais pas le beurre).

Les Italiens préfèrent les petits déjeuners très légers : un capuccino ou un petit café noir, éventuellement une

Introduction

pâtisserie achetée en route. Le petit déjeuner familial plus traditionnel se compose d'un café au lait avec des biscottes, d'une tranche de gâteau fait maison ou de tartines de beurre et de confiture.

Bien sûr, vous pouvez également manger « italien » sur le pouce à tout moment, dans un café, une pizzeria ou un fast-food « italianisé » ou encore grignoter chez vous.

Entrées,
soupes et salades

Salade

méditerranéenne

4 blancs de poulet
avec leur peau

1 c. à café d'huile d'olive

1 c. à café d'origan haché

sel et poivre fraîchement
moulu

60 g d'olives noires
dénoyautées et coupées
en deux (facultatif)

30 g de feuilles
de menthe hachées

3 c. à soupe de persil haché

6-8 tomates séchées
coupées en quartiers

2 avocats bien mûrs

16 feuilles de salade env.
ou 1 sachet de mesclun

Pour la vinaigrette

1 c. à soupe de jus
de citron

1/2 c. à café de tabasco

1 c. à café d'origan haché

5 c. à soupe d'huile d'olive
vierge extra

50 g d'oignons d'Espagne

1. Préparez la vinaigrette en mélangeant le jus de citron, le tabasco et l'origan dans un saladier. Ajoutez un filet d'huile, remuez énergiquement jusqu'à émulsion complète, puis ajoutez l'oignon.

2. Faites chauffer votre gril à température moyenne. Préparez les blancs de poulet : badigeonnez d'huile le côté sans peau, salez, poivrez et parsemez d'origan. Faites cuire sur le gril pendant 7 min, côté peau en dessous, en pressant de temps en temps la partie la plus épaisse avec une spatule. Retournez vos morceaux de poulet et faites-les griller encore 7 min jusqu'à ce qu'ils soient cuits. Avec des pincettes, mettez-les dans un plat et laissez-les refroidir à température ambiante.

3. Découpez les blancs de poulet en lamelles, puis laissez-les mariner 15 min dans la vinaigrette à température ambiante en les remuant de temps en temps.

4. Ajoutez les olives, la menthe, le persil et les tomates. Mélangez bien le tout. Coupez les avocats en deux et dénoyautez-les. Coupez-les en tranches que vous ajoutez à votre salade. Remuez doucement votre salade à l'avocat et au poulet, salez et poivrez.

à l'avocat et au poulet

6 · 10 min + marinade: 15 min · 14 min · 590 · 49 g

Salade

aux champignons, aux épinards et au parmesan

1 botte d'épinards anglais
225 g de champignons de Paris
1 c. à café de jus de citron ou de vinaigre balsamique
sel
poivre noir fraîchement moulu
2 c. à soupe d'huile d'olive vierge extra
60 g de parmesan râpé

1. Lavez minutieusement les épinards, coupez les feuilles en petits morceaux et essorez-les bien. Disposez-les dans un plat de service.

2. Juste avant de servir, hachez menus les champignons, puis mélangez-les dans un bol avec le jus de citron ou le vinaigre. Salez et poivrez.

3. Versez les champignons assaisonnés sur les épinards. Ajoutez un filet d'huile d'olive vierge sur votre salade. Saupoudrez de parmesan et servez.

Remarque : Si vous préparez votre salade à l'avance, mettez vos épinards dans un sachet en plastique et conservez-les au réfrigérateur pour qu'ils restent frais et croquants.

4   10 min   183   14 g

400 g de brocolis

400 g de chou-fleur

quelques tiges mélangées
des deux légumes

1/2 c. à café de sel

12 cl de vinaigrette

Salade
aux brocolis
et aux choux-fleurs

1. Coupez les légumes en morceaux de 5 cm et jetez les tiges trop épaisses. Lavez-les, puis jetez-les dans l'eau bouillante et couvrez. Salez et laissez bouillir 4-5 min jusqu'à ce que vos légumes soient croquants.

2. Égouttez et disposez les légumes sur un plat de service. Versez la vinaigrette sur les légumes lorsqu'ils sont encore chauds. Servez cette salade froide ou chaude.

Remarque : Les Italiens préfèrent le mode de cuisson al dente, *mot à mot « qui croque sous la dent », afin de garder toute la fraîcheur et le croquant des légumes frais cuits à l'eau bouillante ou à la vapeur.*

🍴 4 🕐 10 min ⏳ 4-5 min 𝒄 168 𝓵 8 g

Salade

d'aubergine

au prosciutto

500 g d'aubergines,
de préférence petites
et de même taille

sel et poivre

farine

12 cl d'huile d'olive

2 gousses d'ail

1 botte de cresson

250 g de prosciutto
(jambon italien)
tranché fin

2 œufs durs
grossièrement hachés

Pour la vinaigrette

12 cl d'huile d'olive

12 cl de vinaigre
de Xérès ou de vin

2 c. à soupe de jus
de citron

2 feuilles de laurier
écrasées

1 c. à soupe d'origan

1 c. à soupe de persil
haché

1. Lavez et séchez les aubergines. Coupez-les en tranches de 1 cm d'épaisseur, salez et laissez dégorger. Lavez à nouveau les tranches, égouttez-les, puis saupoudrez-les de farine.

2. Dans une poêle à frire suffisamment profonde, faites chauffer la moitié de l'huile et faites revenir l'ail. Retirez-le dès qu'il devient doré. Faites revenir les tranches d'aubergine jusqu'à ce qu'elles soient légèrement dorées, retirez-les du feu, égouttez-les sur du papier absorbant, puis assaisonnez.

3. Disposez le cresson dans un plat. Déposez les tranches d'aubergines et de prosciutto par-dessus et parsemez d'œuf dur haché.

4. Faites chauffer l'huile et le vinaigre dans une petite casserole. Ajoutez le jus de citron, les herbes, le sel et le poivre. Faites bouillir durant 5 min. Passez au tamis et laissez reposer. Versez cette vinaigrette sur les aubergines. Laissez refroidir et mettez au réfrigérateur pendant 30 min au minimum. Servez.

Bruschette
à la tomate et au basilic

12 cl d'huile d'olive

2 gousses d'ail écrasées

1 baguette de pain
tranchée en diagonale

3 tomates hachées fin

3 c. à soupe de basilic
ou de persil frais haché

poivre noir
fraîchement moulu

1. Mélangez l'huile et l'ail. Étalez généreusement ce mélange sur les tranches de pain et mettez-les au four. Faites-les cuire 10 min jusqu'à ce qu'elles soient dorées. Laissez-les refroidir.

2. Mélangez les tomates, le basilic ou le persil et le poivre noir dans une jatte. Juste avant de servir, étalez cette préparation sur les tranches de pain grillées.

Remarque : Les bruschette *peuvent composer un repas léger ; recouvrez-les d'un peu de parmesan râpé ou de mozzarella et faites-les griller jusqu'à ce que le fromage fonde. Servez avec une salade verte.*

6　10 min　10 min　412　22 g

Potage
aux aubergines grillées

1 kg d'aubergines
coupées en deux

4 poivrons rouges
coupés en deux

1 c. à café d'huile d'olive

2 gousses d'ail écrasées

4 tomates pelées
et hachées

75 cl de bouillon
de légumes

2 c. à café de poivre noir
concassé

1. Préchauffez votre gril. Faites cuire les aubergines et les poivrons rouges, côté peau vers le haut, durant 10 min jusqu'à ce que la chair soit molle et la peau noircie. Pelez-les et hachez grossièrement la chair.

2. Faites chauffer l'huile à feu moyen dans une grande casserole. Ajoutez l'ail et les tomates et faites-les revenir 2 min en remuant fréquemment. Ajoutez l'aubergine, le poivron rouge, le bouillon et le poivre noir. Faites frémir le mélange et laissez cuire à feu doux durant 4 min. Retirez la casserole du feu et laissez refroidir légèrement.

3. Passez les légumes et le bouillon au mixeur pour obtenir un potage lisse. Versez-le dans une casserole propre, portez à faible ébullition, puis laissez cuire à feu doux durant 3-5 min. Servez bien chaud.

Remarque : Ce potage peut être préparé la veille et réchauffé.

6 15 min 20 min 95 2 g

Minestrone

2 c. à soupe de beurre

2 gousses d'ail écrasées

2 petits oignons hachés fin

4 tranches de bacon haché

250 g d'os de carré de porc filet désossé

150 g de haricots rouges trempés toute une nuit

100 g de haricots blancs trempés toute une nuit

1/2 petit chou grossièrement haché

100 g d'épinards lavés et hachés

3 pommes de terre moyennes épluchées et hachées

2 carottes moyennes épluchées et coupées en dés

150 g de petits pois frais (ou surgelés) écossés

1 branche de céleri haché

2 c. à soupe de persil haché fin

2 l de bouillon de poulet

100 g de tortellinis à la tomate et au fromage

50 g de pâtes (au choix)

parmesan frais

1. Faites chauffer le beurre dans une cocotte et faites revenir l'ail, l'oignon, le bacon et les os de porc pendant 4-5 min. Ajoutez ensuite les autres ingrédients, excepté les pâtes et le parmesan. Portez à ébullition, puis laissez mijoter à feu doux en couvrant pendant 1 h 30 env.

2. Retirez et jetez les os de porc. Versez les tortellinis et les pâtes de votre choix dans la soupe et faites-les cuire *al dente*. Pour servir, parsemez généreusement votre minestrone de parmesan et de croûtons de pain bien croustillants.

Bouillon
aux raviolis

20 cl de bouillon de bœuf
ou de poulet

12 cl de vin blanc
ou de vermouth

3 c. à soupe de purée
de tomates

1 feuille de laurier

sel et poivre

24-30 raviolis
(250 g env.)

parmesan râpé
pour servir

1. Mélangez le bouillon, le vin ou le vermouth, la purée de tomates et la feuille de laurier dans une grande casserole. Faites chauffer jusqu'à ébullition, puis salez et poivrez.

2. Ajoutez les raviolis et faites mijoter jusqu'à ce que les pâtes soient cuites (20 min env.). Retirez la feuille de laurier et versez le bouillon dans des bols. Saupoudrez de parmesan et servez.

6   5 min   30-40 min   **c** 192   **ℓ** 7,5 g

Plats

Pâtes farcies
au potiron
et sauce aux quatre fromages

Pour les pâtes farcies (agnolottis)

1/2 courge musquée
de la variété Butternuts

1 petit potiron bleu

75 g de parmesan râpé

1 pincée de muscade

sel et poivre

1/2 botte de ciboulette

quelques brins de persil

carrés de pâte
aux œufs à farcir

Pour la sauce

50 g de beurre doux

60 g de fontina râpée

60 g de parmesan râpé

90 g de gorgonzola râpé

120 g de masarpone

60 g de crème fraîche
épaisse

poivre noir moulu

quelques brins de persil
pour décorer

1. Épluchez et coupez en dés la courge musquée et le potiron bleu. Faites-les cuire à l'eau bouillante ou à la vapeur jusqu'à ce qu'ils soient bien tendres. Laissez-les refroidir. Écrasez-les en purée et incorporez le parmesan, la muscade, le sel et le poivre. Ajoutez la ciboulette et le persil hachés.

2. Badigeonnez la moitié des carrés de pâte à farcir avec un peu d'eau. Posez un carré de pâte sèche sur chaque carré de pâte humide et aplatissez-les au rouleau à pâtisserie. Répartissez la purée de potiron et de courge au centre des carrés de pâte. Mouillez les bords de chaque carré, repliez-les en diagonale et appuyez. Une fois que vous avez scellé tous les carrés farcis, laissez-les sécher.

3. Pendant ce temps, pour réaliser la sauce, faites chauffer du beurre dans une poêle. Éteignez le feu, ajoutez les fromages et la crème, puis mélangez bien jusqu'à obtention d'une sauce lisse et épaisse. Poivrez. La chaleur de la poêle suffira normalement à faire fondre le fromage. Sinon, rallumez le feu quelques instants.

4. Faites bouillir un gros volume d'eau salée et jetez-y vos pâtes farcies. Laissez cuire 2 min, puis égouttez. Ajoutez ces pâtes à la sauce et remuez bien. Parsemez de persil et servez immédiatement.

Remarque : Si vous trouvez la sauce trop épaisse, ajoutez un peu d'eau des pâtes (jusqu'à 25 cl) et remuez pour obtenir une sauce bien lisse.

Spaghettis
au thon et aux olives

500 g de spaghettis

Pour la sauce

425 g de thon à l'huile
en boîte, égoutté mais
en mettant l'huile de côté

1 gros oignon haché

1 poivron vert émincé

1 c. à café d'ail haché

30 g de purée
de tomates

1 c. à soupe de sauce
tomate

12 cl de vin blanc

1 c. à soupe de poivre
noir concassé

2 c. à soupe de persil frais
haché fin

8 olives noires
dénoyautées et coupées
en deux

1. Faites cuire les spaghettis à l'eau bouillante selon le temps de cuisson indiqué sur le paquet, puis égouttez-les et réservez-les au chaud.

2. Pour réaliser la sauce, faites chauffer l'huile de la boîte de thon dans une poêle à frire et faites revenir l'oignon, le poivron et l'ail durant 3-4 min jusqu'à ce que l'oignon devienne translucide. Ajoutez en remuant la purée de tomates, la sauce tomate et le vin, puis laissez cuire 3-4 min.

3. Ajoutez le thon à la sauce et poursuivez la cuisson pendant 4-5 min en remuant doucement. Versez la sauce sur les spaghettis et mélangez bien. Décorez avec du poivre noir, du persil et des olives et servez.

🍴 4 🕐 15 min ⏳ 15 min **c** 843 **l** 27 g

| 1 c. à soupe de beurre ou de margarine |
| 1 grosse gousse d'ail écrasée |
| 1 c. à soupe de farine |
| 25 cl de lait écrémé |
| 90 g de parmesan râpé |
| 75 g de crème aigre |
| 1 c. à soupe d'aneth frais haché |
| 230 g de saumon fumé coupé en petits morceaux |
| 2 c. à soupe de câpres |
| 350 g de tagliatelles fraîches |

Tagliatelles
au saumon fumé

1. Faites fondre le beurre ou la margarine à feu doux dans une casserole. Faites revenir l'ail pendant 1 min. Ajoutez la farine en remuant constamment. Versez progressivement le lait et continuez de remuer jusqu'à ce que le mélange épaississe. Ajoutez le parmesan et la crème. Faites cuire en remuant jusqu'à ce que le fromage fonde. Ajoutez l'aneth. Retirez du feu et gardez au chaud.

2. Faites cuire les tagliatelles selon le temps de cuisson indiqué sur le paquet, puis égouttez-les. Versez-les dans un grand récipient. Ajoutez le saumon, les câpres et la sauce. Remuez énergiquement et servez immédiatement.

🍴 6 🕐 5 min ⏳ 15-20 min **c** 405 **l** 15 g

Pâtes
aux champignons

et aux légumes verts

500 g de pâtes
(au choix)

huile d'olive

300 g de brocolis coupés
en petits morceaux

1 botte d'asperges

50 g de beurre

2 gousses d'ail écrasées

400 g de champignons
de Paris entiers, coupés
en deux ou émincés gros

170 g de petits pois
légèrement cuits
pour rester croquants

25 cl de bouillon
de poulet ou de crème

feuilles de basilic frais
hachées gros

parmesan fraîchement
râpé

1. Faites cuire les pâtes *al dente*. Égouttez-les et passez-les à l'eau froide. Ajoutez un peu d'huile et réservez.

2. Plongez les brocolis préparés dans l'eau bouillante durant 4 min env. Égouttez-les, passez-les sous l'eau froide, puis réservez-les. Retirez les extrémités dures des asperges et coupez-les en deux. Plongez-les dans l'eau bouillante durant 3 min, égouttez-les, rafraîchissez-les à l'eau froide, égouttez-les de nouveau et réservez-les.

3. Faites fondre la moitié du beurre dans une grande poêle et faites revenir doucement l'ail durant quelques minutes. Ajoutez les champignons à feu vif, remuez et incorporez tous les légumes verts, sans oublier les petits pois. Salez et poivrez. Ajoutez la crème ou le bouillon de poulet et faites cuire à feu vif jusqu'à ce que la crème ou le bouillon réduise et épaississe. Parsemez de basilic et mélangez le tout.

4. Mettez les pâtes égouttées dans une grande casserole et faites-les réchauffer à feu doux avec le reste de beurre. Ajoutez les légumes, la sauce et un peu de parmesan. Remuez bien. Versez dans un grand plat de service et saupoudrez du restant de parmesan.

🍴 4   🕐 15 min   ⏳ 20 min   🔥 683   🍥 20 g

Gnocchis
au beurre et au fromage

1 oignon pelé
et coupé en deux

1 feuille de laurier

1 l de lait

120 g de semoule
ou de polenta

1 1/2 c. à café de sel

poivre

2 c. à café de parmesan
râpé

30 g de beurre

1/2 c. à café de moutarde

muscade

90 g de gruyère râpé

1. Mettez l'oignon dans une grande casserole avec le laurier et le lait. Amenez lentement à ébullition, retirez l'oignon et le laurier et ajoutez la semoule, le sel et le poivre. Faites cuire à feu doux durant 15-20 min en remuant de temps en temps jusqu'à ce que le mélange soit bien épais. Retirez la casserole du feu, ajoutez le parmesan râpé, la moitié du beurre, la moutarde et la muscade. Mélangez bien.

2. Étalez le mélange sur une plaque de cuisson huilée et formez une couche d'un peu moins de 1 cm d'épaisseur. Laissez refroidir, puis découpez la pâte en carrés ou en cercles avec un couteau.

3. Disposez ces gnocchis en les faisant légèrement chevaucher dans un plat beurré peu profond allant au four. Parsemez de gruyère râpé. Faites fondre le reste de beurre et versez-le sur les gnocchis. Faites cuire au four à 180 °C durant 15 min, puis faites dorer au gril. Servez les gnocchis encore soufflés.

🍴 4　🕐 *5 min + repos*　⧗ *45-50 min*　**c** *413*　**l** *23 g*

Fusillis
aux aubergines et aux tomates

2 aubergines moyennes

12 cl d'huile d'olive

1 gousse d'ail

4 tomates moyennes

sel et poivre

1-2 c. à soupe de basilic haché

2 c. à soupe de parmesan râpé

300 g de fusilli secs

poivre fraîchement moulu

1. Pelez les aubergines et coupez-les en petits dés. Versez la moitié de l'huile d'olive dans une poêle à frire et faites revenir doucement les dés d'ail et d'aubergines.

2. Pelez les tomates, épépinez-les et coupez la chair en dés. Versez le reste de l'huile dans la poêle et faites revenir les tomates en dés pendant 5 min env., puis ajoutez le sel, le poivre et le basilic.

3. Pendant ce temps, faites cuire les fusillis à l'eau bouillante salée durant 10-12 min, puis égouttez-les. Versez les pâtes dans un plat de service, ajoutez les aubergines et les tomates et remuez bien. Saupoudrez de fromage râpé et de poivre noir et servez.

‖ 4-6   ⏱ 10 min   ⧗ 20-25 min   𝒸 576   𝓁 31 g

Pain garni
italien

1 grand pain blanc
à la croûte épaisse
(en boule
ou en longueur)

huile d'olive

5-6 c. à soupe
de tapenade

250 g de mortadelle
en tranches

250 g de salami
en tranches

6 bocconcini fraîches
(petites mozzarellas)
en tranches

6 cœurs d'artichaut
marinés ou en conserve,
égouttés et coupés
en rondelles

20 feuilles de basilic

250 g de champignons
de Paris coupés
en lamelles

8-10 tomates séchées

sel et poivre

1. Coupez le pain en deux horizontalement et retirez un peu de mie des deux moitiés pour faire de la place à la garniture. Vous obtenez deux coquilles de 2,5 cm de profondeur. Pressez-les pour les aplatir.

2. Badigeonnez généreusement d'huile l'intérieur de chaque coquille et étalez votre tapenade. Dans la moitié inférieure du pain, formez une première couche avec la viande, le fromage et les cœurs d'artichaut, puis une deuxième avec le basilic, les champignons et les tomates, et ainsi de suite en alternant les couches. Salez et poivrez.

3. Recouvrez la coquille garnie de sa moitié supérieure. Appuyez fermement. Serrez le pain avec une ficelle et enveloppez-le dans un torchon ou un film alimentaire, de façon que le jus de la garniture mouille le pain. Réservez au frais toute la nuit.

4. Enlevez le torchon ou le film ainsi que la ficelle et coupez le pain garni en huit parts. Servez dans des petites serviettes sur un plateau ou dans un panier.

¶¶ 4 ● *15 min + au frais: 12 h* **c** *1000* **ℓ** *67 g*

1 l de bouillon de poulet	
2 c. à soupe d'huile d'olive	
2 gousses d'ail écrasées	
1 oignon haché fin	
350 g de riz arborio	
12 cl de vin blanc	
200 g d'épinards frais	
200 g de gorgonzola en petits morceaux	
poivre fraîchement moulu	

Risotto

aux épinards frais et au gorgonzola

1. Versez le bouillon dans une casserole, portez à ébullition, puis laissez cuire à feu doux.

2. Faites chauffer l'huile dans une grande casserole, puis faites revenir l'ail et l'oignon durant 5 min. Ajoutez le riz et remuez jusqu'à ce qu'il soit bien enrobé.

3. Versez le vin et laissez cuire jusqu'à complète absorption du liquide. Ajoutez le bouillon, louche par louche, en remuant constamment et en attendant que le liquide soit absorbé avant de verser la louche suivante. Procédez ainsi jusqu'à la dernière louche de bouillon et jusqu'à cuisson complète du riz.

4. Ajoutez les épinards, le fromage et l'assaisonnement. Remuez et laissez cuire quelques instants jusqu'à ce que les épinards réduisent et que le fromage fonde. Servez immédiatement.

🍴 6   🕐 5 min   ⏳ 20-30 min   c 477   l 19 g

Beignets
de sardines

12 filets de sardines fraîches

4 c. à soupe de farine

1 œuf mélangé
à 2 c. à soupe de lait

120 g de chapelure

120 g de beurre ramolli

3 c. à soupe de menthe
fraîche hachée fin

2 ciboules hachées fin

1 gousse d'ail écrasée

1/4 c. à café de piment
rouge haché

huile de cuisson

poivre noir concassé

1. Roulez les sardines dans la farine, plongez-les dans le mélange à base d'œuf et recouvrez-les de chapelure.

2. Mélangez le beurre ramolli, la menthe, les ciboules, l'ail et le piment dans un bol. Disposez la pâte obtenue sur un film alimentaire, que vous enroulez pour former une bûche. Mettez au réfrigérateur pour que le beurre durcisse.

3. Faites chauffer l'huile et un tiers de ce beurre de piment à la menthe dans une grande poêle et faites revenir les sardines 1-2 min de chaque côté jusqu'à ce qu'elles dorent. Servez les sardines recouvertes d'une fine tranche de beurre de piment et saupoudrez de poivre concassé.

🍴 4 🕐 20 min ⏳ 1-2 min ℭ 560 ℓ 42 g

Omelette

aux courgettes

700 g de courgettes

60 g de pancetta
ou de bacon

2 c. à soupe d'huile
d'olive

sel

poivre fraîchement moulu

1 c. à soupe de parmesan
râpé

6 gros œufs battus

1. Épluchez les courgettes et coupez-les en rondelles. Mettez-les dans une passoire, salez-les et laissez-les dégorger 20 min env. Puis lavez-les et égouttez-les soigneusement. Pendant ce temps, coupez la pancetta ou le bacon en petits lardons et faites-les revenir dans une grande poêle à frire jusqu'à ce qu'ils soient dorés et croustillants. Versez-les dans une jatte.

2. Faites chauffer l'huile dans la poêle et faites revenir les courgettes égouttées jusqu'à ce qu'elles ramollissent, puis versez-les dans la jatte qui contient les lardons. Mettez l'huile de côté. Ajoutez le fromage et les œufs battus dans la jatte, assaisonnez et remuez bien.

3. Essuyez la poêle et faites chauffer l'huile mise de côté. Versez votre préparation aux courgettes dans la poêle chaude et faites-la cuire d'un côté en la ramenant constamment vers le centre. Lorsque l'omelette est quasiment cuite, posez sur la poêle une assiette plate pour renverser l'omelette en vous aidant d'une spatule en métal, et en vous armant de patience !

4. Faites glisser l'omelette renversée dans la poêle pour la cuire de l'autre côté. Retirez-la du feu lorsque le centre est encore mousseux. Faites-la glisser sur un plat et servez-la immédiatement.

¶¶ 4-6   ● 10 min + repos : 20 min   ⧖ 40-50 min   𝐜 188   𝓵 20 g

Légumes
méditerranéens braisés

3 c. à soupe d'huile

2 aubergines coupées en dés

2 poivrons rouges, verts ou jaunes coupés en dés

2 oignons coupés en dés

4 tomates bien mûres coupées en dés

2 c. à café d'ail haché

2 c. à café de piment haché

sel

poivre noir

2 c. à café de vinaigre balsamique

1. Faites chauffer l'huile à feu vif dans une poêle et faites revenir les poivrons en remuant jusqu'à ce qu'ils soient dorés. Ajoutez les aubergines, les oignons, les tomates, l'ail et le piment. Salez et poivrez.

2. Baissez le feu, couvrez et faites cuire très doucement pendant 20 min. Les légumes doivent être très tendres et bien imprégnés d'aromates. Versez le vinaigre par-dessus et servez, chaud ou froid.

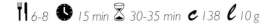

6-8   15 min   30-35 min   ℭ 138   ℓ 10 g

Poulet
au marsala

4 gros blancs
de poulet attendris

farine

30 g de beurre

2 c. à soupe d'huile
d'olive

8 cl de marsala

4 c. à soupe de bouillon
de poulet

30 g de beurre ramolli

poivre noir fraîchement
moulu

1. Roulez les blancs de poulet dans la farine. Faites chauffer le beurre et l'huile dans une poêle à frire jusqu'à ce que le beurre mousse. Faites revenir le poulet pendant 3 min de chaque côté.

2. Versez le marsala dans la poêle, portez à ébullition et laissez mijoter à feu doux durant 15 min, jusqu'à ce que le poulet soit cuit. Retirez le poulet de la poêle et gardez-le au chaud.

3. Ajoutez le bouillon dans la poêle, portez à ébullition et laissez cuire 2 min. Ajoutez le beurre ramolli en remuant, et poivrez. Pour servir, nappez le poulet de la sauce au marsala.

4 🕐 *10 min* ⏳ *25 min* **c** *170* **l** *9 g*

Escalopes
de veau à l'ail

1 1/2 c. à soupe d'huile végétale	1 aubergine coupée en allumettes
6 gousses d'ail	6 cl de vin rouge
4 escalopes ou côtes de veau	2 tomates hachées
2 c. à café de zeste de citron râpé fin	1 c. à soupe de basilic frais haché
1 c. à soupe de thym frais haché ou 1 c. à café de thym séché	poivre noir fraîchement moulu

1. Faites chauffer la moitié de l'huile à feu doux dans une poêle à revêtement antiadhésif. Faites revenir l'ail en remuant jusqu'à ce qu'il soit tendre et doré. Retirez-le de la poêle et réservez-le.

2. Augmentez le feu, ajoutez le veau, le zeste de citron et le thym dans la poêle et faites cuire la viande 1-2 min de chaque côté. Retirez-la du feu, versez l'ail dessus et réservez au chaud.

3. Faites chauffer l'huile restante à feu vif dans la poêle. Jetez-y les allumettes d'aubergine et faites-les revenir pendant 3 min. Ajoutez le vin, les tomates et le basilic et faites cuire le tout 3 min supplémentaires jusqu'à ce que les allumettes d'aubergine soient tendres. Poivrez selon votre goût.

4. Disposez le veau, l'ail et la préparation à l'aubergine dans les assiettes et servez immédiatement.

Remarque : Ce plat est également délicieux avec des côtes ou du filet d'agneau.

| 1 c. à soupe d'huile |
| 12 côtelettes d'agneau |
| 1 oignon haché fin |
| 2 c. à café d'ail |
| 2 c. à café de piment |
| 1 1/2 c. à café de cumin moulu |
| 8 cl de vin blanc |
| 4 tomates bien mûres pelées et hachées |
| 1 c. à café de coriandre |

Agneau
à la méditerranéenne

1. Faites chauffer l'huile à feu moyen dans une grande poêle. Faites revenir les côtelettes pendant 2-3 min de chaque côté, puis retirez-les du feu et tenez-les au chaud.

2. Baissez le feu et faites revenir l'oignon et l'ail jusqu'à ce qu'ils deviennent translucides. Montez le feu, ajoutez le piment, le cumin et le vin. Lorsque le liquide est presque totalement évaporé, ajoutez les tomates et la coriandre. Laissez cuire à feu doux durant 2-3 min. Servez les côtelettes avec la sauce et accompagnées de couscous ou de riz et de roquette.

Remarque : Vous pouvez également préparer ce plat avec huit côtes de porc et choisir de griller la viande.

6 • 10 min ⧗ 20-25 min **c** 431 **l** 34 g

3

Desserts

Biscuit

roulé

à la sicilienne

	Pour la garniture
3 œufs	225 g de ricotta
100 g de sucre	4 c. à soupe de sucre en poudre
100 g de farine tamisée avec 1/2 c. à café de levure chimique et 1/4 c. à café de sel	1/2 c. à café de vanille
	1 c. à soupe de crème de cacao
2 c. à soupe de lait chaud	25 g de chocolat râpé
10 cl de crème fouettée	1 c. à soupe de fruits confits râpés
50 g de chocolat râpé	

1. Cassez les œufs dans une grande jatte et battez-les jusqu'à obtention d'une consistance épaisse et crémeuse. Ajoutez le sucre par petites quantités en battant bien pour qu'il se dissolve et que le mélange épaississe. Incorporez la farine en alternance avec le lait.

2. Versez le mélange dans un moule légèrement beurré de 25 x 30 cm et tapissé d'une feuille de papier sulfurisé. Faites cuire au four à 180 °C durant 15 min env. Démoulez le biscuit, puis roulez-le à partir de l'extrémité la plus étroite en utilisant le papier pour soulever et guider le roulé. Laissez reposer 5 min, puis déroulez, retirez le papier et laissez refroidir.

3. Pour réaliser la garniture, mélangez la ricotta, le sucre en poudre, la vanille et la crème de cacao dans une jatte. Incorporez le chocolat râpé et les fruits confits, puis étalez cette préparation sur le biscuit. Roulez-le à nouveau et transférez-le sur une assiette de service. Recouvrez votre biscuit roulé de crème fouettée et décorez-le de chocolat râpé.

250 g de mascarpone
100 g de crème fraîche épaisse
2 c. à soupe de liqueur
50 g de sucre
2 c. à soupe de café en poudre à préparation instantanée
40 cl d'eau bouillante
250 g de biscuits à la cuiller
250 g de chocolat râpé

Tiramisu

1. Mélangez le mascarpone, la crème fraîche, la liqueur et le sucre dans une jatte, puis laissez reposer. Faites dissoudre le café en poudre dans l'eau bouillante et réservez.

2. Disposez le tiers des biscuits à la cuillère dans un plat de 20 x 20 cm. Versez dessus un tiers du café liquide, puis recouvrez avec un tiers de la préparation au mascarpone. Continuez en alternant les couches – biscuits à la cuiller, café, mascarpone – et terminez par une couche de mascarpone. Saupoudrez de chocolat râpé et mettez au réfrigérateur pendant 15 min, au minimum, avant de servir.

Remarque : Le mascarpone est un fromage frais tiré de la crème. Vous le trouverez chez un traiteur, dans les épiceries fines et dans certaines grandes surfaces. Si vous n'en trouvez pas, remplacez-le par un mélange de crème aigre (1/4) et de crème légèrement fouettée (3/4).

❙❙ 4 🕐 15 min + au frais : 15 min **c** 1056 **l** 74 g

Granité
au citron et au basilic

30 g de feuilles de basilic hachées

25 g de sucre en poudre

50 cl de vin blanc doux

25 cl de jus de citron

8 cl de jus de lime

1 c. à soupe de zeste de citron râpé

1. Versez le basilic, le sucre et le vin dans une casserole à feu moyen. Portez à ébullition, puis faites cuire à feu doux en remuant durant 3 min.

2. Passez le mélange au tamis pour ôter toutes les parties solides. Laissez refroidir à température ambiante. Ajoutez le jus de citron et le jus de lime, ainsi que le zeste de citron râpé, et mélangez bien.

3. Versez la préparation dans un récipient peu profond spécial congélation. Maintenez au congélateur jusqu'à ce que des cristaux de glace se forment sur les bords. Avec une fourchette, remuez de temps en temps pour briser les cristaux de glace. Quand la préparation commence à prendre, versez-la dans des moules à glaçons, puis remettez-la au congélateur jusqu'à ce que le granité soit ferme.

🍴 4   🕐 5 min + congélation   ⏳ 5-10 min   🅒 165   🅛 0,2 g

Charlotte
aux figues fraîches
et au mascarpone

32 biscuits à la cuillère

12 cl de marsala
ou de vin de Xérès doux

6 figues fraîches coupées
en rondelles

quelques figues
pour décorer

**Pour la crème anglaise
au mascarpone**

3 c. à soupe de crème
anglaise en poudre

2 c. à soupe de sucre
en poudre

25 cl de lait

25 cl de crème

1 c. à café d'essence
de vanille

340 g de mascarpone

1. Pour réaliser la crème anglaise, mettez la crème en poudre, le sucre, le lait, la crème et l'essence de vanille dans une casserole et battez le mélange jusqu'à ce qu'il soit lisse. Faites cuire à feu doux en remuant constamment jusqu'à ce que la crème épaississe, puis retirez la casserole du feu et laissez refroidir. Incorporez le mascarpone à la crème anglaise refroidie et laissez reposer.

2. Tapissez le fond d'un moule à gâteau de 23 cm de diamètre avec du papier sulfurisé et disposez-y la moitié des biscuits à la cuillère. Versez la moitié du marsala, recouvrez de la moitié des figues coupées et de la moitié de la crème anglaise. Alternez les couches jusqu'à ce que tous vos ingrédients soient utilisés. Couvrez avec du film alimentaire et mettez 4 h au réfrigérateur.

3. Démoulez le biscuit. Décorez-le avec quelques figues et servez.

Remarque : Si ce n'est pas la saison des figues, remplacez-les par des fraises fraîches. Votre charlotte sera tout aussi délicieuse.

8   15 min + au frais : 4 h   15-20 min   1080   10 g

Cassate
à la sicilienne

500 g de ricotta

250 g de sucre

2 c. à soupe de pistaches hachées

3 c. à soupe de fruits confits hachés

1/4 c. à café de cannelle moulue

60 g de chocolat noir râpé

2 c. à soupe de liqueur d'amaretto

1 génoise de 20 cm de diamètre coupée en tranches de 1 cm d'épaisseur

Pour le nappage

25 cl de crème fraîche liquide

1 c. à soupe de liqueur d'amaretto

fruits confits

1. Travaillez la ricotta et le sucre jusqu'à ce qu'ils moussent. Divisez le mélange en deux. Incorporez les pistaches et les fruits confits dans une moitié, la cannelle, le chocolat râpé et l'amaretto dans l'autre. Couvrez et laissez reposer.

2. Tapissez un moule à gâteau – fond et bord – de 20 cm de diamètre avec du film alimentaire. Chemisez le fond et le bord du moule avec les trois quarts des tranches de génoise. Versez la première moitié de la préparation à la ricotta et recouvrez-la des tranches de génoise restantes. Couvrez et mettez 2 h au congélateur.

3. Lorsque le mélange est pris, versez dessus la seconde moitié de la préparation à la ricotta et remettez 2 h au congélateur.

4. Pour le nappage, battez au fouet la crème et l'amaretto. Juste avant de servir, démoulez la cassate, nappez-la entièrement de crème à l'amaretto et décorez-la de fruits confits.

Remarque : Ce dessert, très impressionnant lorsqu'il est décoré de fruits confits, est idéal pour un dîner. Il est préférable de le préparer 24 h à l'avance.

À savoir

Liste des symboles	
⑂	Nombre de couverts
🕐	Temps de préparation
⧗	Temps de cuisson
c	Calories
ℓ	Lipides

°C	Thermostat
140	1
150	2
160	3
180	4
190	5
200	6
220	7
240	8
250	9

Apport nutritionnel

Chaque recette est accompagnée d'indications simples concernant le nombre de calories qu'elle dispense et l'apport nutritionnel correspondant. Un gramme de lipides représente 38 kilojoules environ, soit 9 kilocalories d'énergie.

Lipides, exprimés en grammes par portion individuelle	
Moins de 10 g	apport énergétique faible
Entre 10 et 20 g	apport énergétique modéré
Plus de 20 g	apport énergétique élevé

Index

La série **Saveurs minute** *comprend les titres suivants :*

Amuse-gueules

Barbecue

Cuisine végétarienne

Légumes

Poissons

Sushis

Agneau

Cuisine légère

Desserts

Pâtes

Porc

Viandes

Edition originale de cet ouvrage publiée en néerlandais par Rebo International, Ltd, sous le titre : *Quick & Tasty – Italiaans*

© 2002 Rebo International

Textes © Concorde Vertalingen BV
Photographies © R&R Publishing Pty. Ltd

© 2009 Rebo International b.v., Lisse, the Netherlands pour l'édition française

Traducion de l'anglais : Sabine Rolland
Réalisation et coordination éditoriale : Belle Page, Boulogne
Adaptation PAO : Critères, Paris

ISBN 978-90-366-2693-4

Imprimé en Slovénie